EMG3-0168
合唱楽譜<J-POP>
J-POP
CHORUS PIECE

合唱で歌いたい！ J-POPコーラスピース

混声3部合唱

瞳をとじて

（平井 堅）

作詞・作曲：平井 堅　合唱編曲：田中和音

●●● 曲目解説 ●●●

映画「世界の中心で、愛をさけぶ」の主題歌。大切な人を失った「喪失感」をテーマに書き下ろしたというこの曲は、愛であふれる歌詞と、平井堅の柔らかなハイトーン・ボーカルが琴線に触れる、感動のバラードです。この混声3部合唱は、一つ一つのフレーズを大切に歌うことで喪失感や愛する人への想い、悲しみ、切なさを最大限に表現させています。言葉にならない感情が優しいメロディーに包まれて、悲しみに暮れた心を癒してくれるような、あたたかい合唱となりました。

【この楽譜は、旧商品『瞳をとじて〔混声3部合唱〕』（品番：EME-C3043）とはアレンジが異なります。】

ELEVATO
MUSIC ENTERTAINMENT

瞳をとじて

作詞・作曲:平井 堅　合唱編曲:田中和音

13 B p
Oo やめて Ah
Oo きみのこ ー と
mp
にがわーらいーをやーめてー おもい カーテーンをー あけよう
いつかーはきーみのーことー なにも かんじーなくー なるのかな
p
Oo やめて Ah
Oo きみのこ ー と
B C G/B Am C/G F Em7 Dm7 F/G G
17 mp
まぶしーすぎーるあーさひー ー ぼくと まいにーちのー おいかけーっこだーー
いまのーいたーみだーいてー ー ねむる ほうがーまだー いいかなー ーー
mp
まぶしーすぎーるあーさひー ーー ぼくと まいにーちのー おいかけーっこだーー
いまのーいたーみだーいてー ーー ねむる ほうがーまだー いいかなー ーー
mp mf
まぶしーすぎーるあーさひー ーー ぼくと まいにーちのー おいかけーっこだーー あのひ
いまのーいたーみだーいてー ーー ねむる ほうがーまだー いいかなー ーー あのひ
C G/B Gm/B♭ A7 Dm7 F/G G7 C C7
21 C mp mf
なきがおー てらす ゆうひ ぬくもりー けしさろ
ほしぞらー かけて ふたり ひかりはー またたく
mp mf
なきがおー てらす ゆうひ ぬくもりー けしさろ
ほしぞらー かけて ふたり ひかりはー またたく
みせたーなき がおーーー なみだてらす ゆうひー かたのぬくもりー
みてたーほし ぞらーーー ねがいかけて ふたり さがしたひかりはー
C F G7/F Em7 Am F Dm7 G7 C C7
mp

25
うとねが うたびにー からだが おぼえている
まにきえ てくのにー からだは かがやいてる
うとねが うたびにー こころがー おぼえている
まにきえ てくのにー こころはー かがやいてる
こころ が からだが きみを おぼえている
こころ は からだは きみで かがやいてる
F G7/F E7 Am Dm7 D7/F♯ F/G
mf
29
D
ー Your love for-ev-er ひとみーをとーじてー きみをーえがーくよー それだーけでー いーー
ー I wish for-ev-er ひとみーをとーじてー きみをーえがーくよー それしーかでー きない
ー ひとみーをとーじてー きみをーえがーくよー それだーけでー いーー
ー ひとみーをとーじてー きみをーえがーくよー それしーかでー きない
ー ひとみーをとーじてー きみをーえがーくよー
ー ひとみーをとーじてー きみをーえがーくよー
G7 E7 D F G7/F Em7 Am7 Dm7 E7
33
1.
い たとえーきせーつがー ぼくーのこーころをー おきざーりにーしても
ー たとえーせかーいがー ぼくーをのーこしてー
い ー たとえーきせーつがー ぼくーのこーころをー おきざーりにーしても
ー ー たとえーせかーいがー ぼくーをのーこしてー
それだけでいーい たとえーきせーつがー こころを おきざーりにーしても
それしかできなーい たとえーせかーいがー のこして
Am Gm7 C7 F G7/F E7sus4 E7/G♯ Am7 1. Dm7 Dm7/G

37
E
E
C
FM7/C
Bm7(♭5)
E7
Am
Am7/G
FM7
F/G
G7
mp
41
2.
す ぎ さー ろ う ー と し て も ー ー ー
す ぎ さー ろ う ー と し て も ー ー ー
す ぎ さー ろ う ー と し て も ー ー ー
2.
Dm7
Dm7/G
C
G/B
F
F
A
E/G♯
F♯m7
A/E
f
45
D
C♯m7
Bm7
E7
A
E/G♯
G
F♯7
Bm7
E7sus4
E7

50
G
p
Your love for-ev - er ひ とみー をとー じてー
Dm7 Gsus4 Esus4 E
G F G7/F
p
54
p
Oo いいー ぼく
きみをー えがー くよー それだー けでー いーー い たとえー きせー つがー ぼく
p
Oo いいー
Em7 Am7 Dm7 E7 Am Gm7 C7 F G7/F
58
mp
ーをのーこしてー いろをー かえー ようとも ーーー
H
f
きおくー のなー かにー
mp
ーをのーこしてー いろをー かえー ようとも ーーー
f
きおくー のなー かにー
mp
いろをー かえー ようとも ーーー
f
きおくー のなー かにー
E7sus4 E7/G♯ Am9 Dm7 Dm7/G C Gm7 G♭7
H
F G7/F
f

62
きみをー さがー すよー それだーけでー いーーい なくしーたもーのをーこえ
きみをー さがー すよー それだーけでー いーーい ー なくしーたもーのをーこえ
きみをー さがー すよー それだ けでいーい なくしーたもーのをーこえ
Em7 Am7 Dm7 E7 Am Gm7 C7 F G7/F
66
p
るつよーさをー きみがーくれー たからー きみがーくれー たから ー
るつよーさをー きみがーくれー たからー きみがーくれー たから ー
るつよーさをー きみがーくれー たからー きみがーくれー たから ー
E7sus4 E7/G♯ Am9 Dm7 Dm7/G C D7/F♯ Dm7 F/G
71
rit.
C FM7/C Bm7(♭5) E7 Am Em/G FM7 F/G G7 C
8va

MEMO

瞳をとじて（平井 堅）

作詞：平井 堅

朝目覚める度に　君の抜け殻《がら》が横にいる
ぬくもりを感じた　いつもの背中が冷たい

苦笑いをやめて　重いカーテンを開《あ》けよう
眩《まぶ》しすぎる朝日　僕と毎日の追いかけっこだ

あの日　見せた泣き顔　涙照らす夕陽《ゆうひ》　肩のぬくもり
消し去ろうと願う度に　心が　体が　君を覚えている

Your love forever
瞳《ひとみ》をとじて　君を描《えが》くよ　それだけでいい
たとえ季節が　僕の心を　置き去りにしても

いつかは君のこと　なにも感じなくなるのかな
今の痛み抱《だ》いて　眠る方がまだ　いいかな

あの日　見てた星空　願いかけて　二人探した光は
瞬《またた》く間に消えてくのに　心は　体は　君で輝いてる

I wish forever
瞳《ひとみ》をとじて　君を描《えが》くよ　それしか出来ない
たとえ世界が　僕を残して　過ぎ去ろうとしても

Your love forever
瞳《ひとみ》をとじて　君を描《えが》くよ　それだけでいい
たとえ季節が　僕を残して　色を変えようとも

記憶の中に君を探すよ　それだけでいい
なくしたものを　越える強さを　君がくれたから
君がくれたから

MEMO

ELEVATO
MUSIC ENTERTAINMENT

MEMO

ELEVATO
MUSIC ENTERTAINMENT

ご注文について

エレヴァートミュージックエンターテイメントの商品は全国の楽器店、ならびに書店にてお求めになれますが、店頭でのご購入が困難な場合、当社PC＆モバイルサイト・電話からのご注文で、直接ご購入が可能です。

◎当社PCサイトでのご注文方法

http://elevato-music.com

上記のアドレスへアクセスし、WEBショップにてご注文ください。

◎お電話でのご注文方法

TEL.0120-713-771

営業時間内に電話いただければ、電話にてご注文を承ります。

◎モバイルサイトでのご注文方法

右のQRコードを読み取ってアクセスいただくか、
URLを直接ご入力ください。